†22.10.1794
Angela Vogt
*18.10.1786
†14.12.1826

Johannes Henricus
Eßling
*9.12.1784
†14.4.1847

Elisabetha Schulte
zu Everswinkel
*22.2.1800
†22.11.1884

Bernhard Heinrich
Cappenberg
*22.1.1793
†14.4.1870

Anna Maria Holt-
mann gen. Lübke
13.3.1806
†15.3.1857

Joh. Theodor
Schulte Pieping
*25.4.1796

Anna Cath. Eisen
Lohmann
*16.10.1810

Wilhelm Lübke
*18.6.1789
†23.6.1856

Elisabeth
Levermann
*16.11.1794
†23.3.1835

Matthias Albers
*19.8.1799
†21.1.1852

Maria Franzisca
Engels gen. Diedo
*7.9.1809
†7.9.1878

Heinrich Pieper
*2.2.1787
†nach 13.12.1854

Anna Catharina
Eusab. Romberg
21.5.1823

Johann Heinrich
Ebell gen. Schulte
*13.10.1795
†7.4.1845

Maria Elisabeth
Schulte
*16.11.1800
†31.12.1837

16.10.1845
Suntrop

2.7.1822
Suderwich

14.11.1871
Vorhelm

22.10.1833
Enniger

21.8.1821
Balve

4.11.1824
Remblingh

14.8.1846
Westönnen

29.3.1819
Westönnen

**Clemens Tillmann**
*15.5.1822
Niedernhöfen
†1.8.1885
Niedernhöfen

**Elisabeth Ehling**
*25.7.1840
Suderwich
†22.5.1913
Niedernhöfen

**Bernhard Heinrich Cappenberg**
*24.2.1834
Vorhelm
†2.3.1908
Vorhelm

**Maria Anna Gertrud Schulze-Rieping gen. Freeman**
*31.3.1841
Warendorf
†16.9.1889
Vorhelm

**Wilhelm Lübke**
*10.2.1833
Grübeck
†18.9.1911
Grübeck

**Regina Albers**
*6.10.1835
Frielinghausen
†26.4.1912
Grübeck

**Johann Heinrich Pieper gen. Romberg**
*29.3.1819
Oberbergstraße
†10.2.1907
Oberbergstraße

**Anna Cath. Friederica Ebell gen. Schulte**
*12.7.1832
Westönnen
†3.3.1917
Oberbergstraße

6.10.1863
Affeln

10.6.1863
Vorhelm

17.11.1853
Eisborn

9.2.1857
Westönnen

**Heinrich Tillmann**
*2.10.1864
Niedernhöfen
†18.2.1929
Niedernhöfen

**Anna Cappenberg**
*19.2.1877
Vorhelm-Tönnishäuschen
†9.11.1952
Niedernhöfen

**Joseph Lübke**
*18.11.1861
Grübeck
†1.4.1942
Balve

**Maria Romberg**
*11.6.1870
Oberbergstraße
†5.5.1951
Grübeck

20.10.1886
Affeln

5.5.1908
Eisborn

**Hugo Tillmann**
*1.7.1902
Niedernhöfen
†6.3.1985
Grübeck

1.9.1932
Eisborn

**Friedchen Lübke**
*8.5.1909
Grübeck
†20.2.1984
Grübeck

**Regina Tillmann**
*12.4.1935
Grübeck

tafel
die
Horst

D1725363

Urkunde von 1368

# SCHULTE-HORST
## TEIL II

Nachträge zur 1. Auflage

Rudolf Tillmann

ex libris

Ernst
Schüttler

Die Deutsche Bibliothek – CIP-Einheitsaufnahme

Tillmann, Rudolf:
Schulte-Horst
Mettmann 2006
ISBN 3-930264-93-5

## Impressum

2. Auflage 2012
©Rudolf Tillmann, Orchideenweg 25, 40822 Mettmann
www.schulte-horst.de
Druck: becker druck, F.W. Becker GmbH, 59821 Arnsberg
www.becker-druck.de
Telefon 02931/5219-0, Telefax 02931/5219-33
Gestaltung: Hans Georg Sohr, Telefon 0211/620303

| | |
|---|---|
| Titelbild: | Bernard Soreth aus Eisborn schrieb diesen Brief am 12. Februar 1834 an Theodor Schulte. Er besuchte in dieser Zeit das Seminar in Büren. Soreth war von 1835 bis 1890 Lehrer an der Balver Schule. |
| Radierung: | Landsknechte überfallen einen Bauernhof (Hans Ulrich Franck) |
| Rückseite: | Plünderung eines Bauernhauses (Gemälde von Sebastian Vrancx) |

# Inhaltsübersicht

# Vorwort

Schon mit der 1. Auflage war 2006 angedeutet worden, dass wahrscheinlich noch manches Fundstück dazu führen wird, die Historie des alten Schulten-Hofes weiter zu schreiben bzw. zu korrigieren. Und so ist es auch gekommen.

Bei Recherchen zu anderen Ausarbeitungen fanden sich in den letzten Jahren recht zahlreiche Quellen, die zu einer beachtlichen Aufhellung der frühen Hofgeschichte führten. Das betrifft vor allem die Verpfändung des Hofes durch den Kölner Kurfürsten und Erzbischof an Konrad den Wreden zu Melschede im Jahre 1376.

Neu und sehr überraschend für die Hofgeschichte waren zahlreiche Dokumente des Archivamtes (Adelsarchive/Archiv Melschede) in Münster über die verheerende Zeit während und nach dem Dreißigjährigen Krieg.

Darüber hinaus konnten aktuelle Informationen zur Hof- und Familiengeschichte auf den neuesten Stand gebracht werden.

Sie alle werden nachfolgend als Ergänzung zur Erstausgabe dargestellt.

*Rudolf Tillmann*
*im Januar 2012*

# I. Graf Wilhelm von Arnsberg kaufte 1334 den Horster Hof

Es war die Zeit, in der die verschiedenen Landesherrschaften um den Ausbau und die Absicherung ihrer Territorien konkurrierten. Die Grafen von Arnsberg waren vor allem darauf bedacht, die westliche Grenze ihrer Herrschaft zur Grafschaft Mark – sie war u.a. durch den Verlauf der Hönne markiert – stärker zu befestigen. Nur so lassen sich die zahlreichen Aktivitäten der Arnsberger im Raum Affeln, Balve und Eisborn erklären.

Dem Angebot oder gar Druck des arnsbergischen Grafenhauses konnte in diesen Jahren die Familie Lon genannt Vetel[1], die den „vordersten Hof" in der Horst bewirtschaftete, wohl nicht widerstehen. Sie verkaufte „die curtis in der Horst" am 13. April 1334 für 61 Mark Denare an Graf Wilhelm von Arnsberg (1313 – 1338), wovon vier einen *grossum turonensem*[2] ausmachten. Für die Gewährleistung wurden vom Verkäufer mehrere Bürgen gestellt[3].

Wenn aber die Horst zu dieser Zeit, wie in der Erstausgabe dargestellt, bereits schon ein Ministerialengut der Grafen von Arnsberg war, stellt sich die Frage: *Was sollte dieser Kauf bzw. Verkauf bezwecken?*

Eine Erklärung dafür dürfte in der rechtlichen Struktur eines Ministerialengutes zu suchen sein.

Diese unterschieden sich, ob sie als Dienstlehen, Vasallenlehen oder Eigenbesitz übertragen worden waren.[4]

Ein Blick auf die damalige Besitzstruktur solcher Höfe lässt erkennen, wie eigenständig und unabhängig von der gräflichen Gewalt und Einflussnahme sie real auch sein konnten. Da der Arnsberger Graf für die Umsetzung seiner Pläne sehr wahrscheinlich die vollständige Verfügungsgewalt über dieses Horster Gut sowie den Ort und Raum mit den übrigen Ländereien erreichen wollte, strebte er auch die umfassende Unterordnung in seinen Besitz an. Möglicherweise trug er sich sogar mit dem Gedanken, hier – im strategisch wichtigen Abschnitt des unteren Hönne-Grenzverlaufes – eine noch stärkere militärische Befestigung gegen die zunehmend offensive Territorialpolitik der benachbarten Märker aufzubauen. Das alles war nur mit einem käuflichen Erwerb des Hofes zu erzielen.

# II. Der Kölner Erzbischof und Kurfürst erwarb mit der Grafschaft Arnsberg 1368 auch den Horster Hof

Im Jahr 1368 verkaufte Gottfried IV. die Grafschaft Arnsberg für 130.000 Goldgulden an den Erzbischof von Köln. Gottfried und seine Gemahlin verließen ihr Herrschaftsgebiet und ließen sich im Rheinland auf Schloss Brühl nieder. Gottfried wurde als einziger weltlicher Fürst 1371 im Kölner Dom beigesetzt.

In der Verkaufsurkunde heißt es, von der Summe seien bereits 30.000 Goldgulden gezahlt worden[6].

Immer wieder hat es Fragen, Zweifel und Spekulationen um diesen Vertrag und auch den sehr hohen Kaufpreis gegeben. Eine Reihe von Nachfolgeverträgen hat die Vermutung aufkommen lassen, dass die Kaufsumme wie auch die angeblichen 30.000 Goldgulden nie gezahlt worden sind und die Überlassung an Köln eher den Charakter einer Schenkung hatte[7].

Grabmal Graf Gottfrieds IV. im Kölner Dom

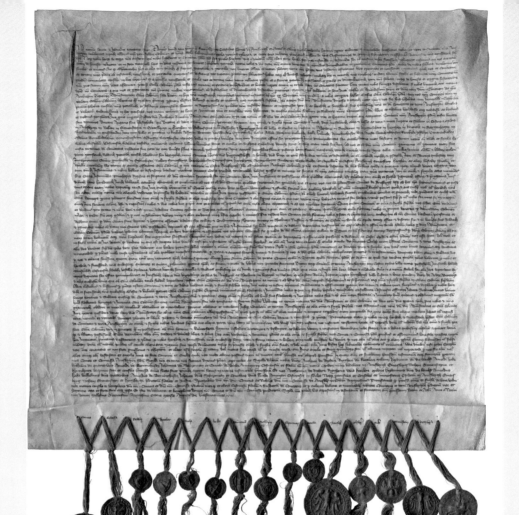

1368 verkaufte der letzte Graf von Arnsberg Gottfried IV. seine Grafschaft an das Kölner Erzstift[5]

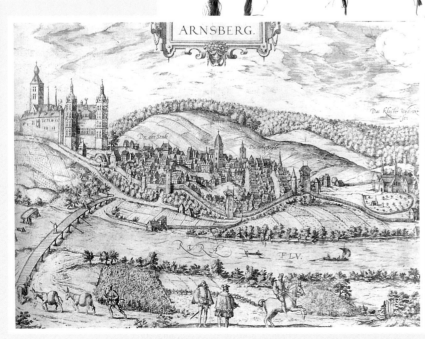

Arnsberg vor 1588

# III. Konrad der Wrede in Melschede erhielt vom Kölner Erzbischof den Horster Hof als Pfand, weil er den Verkauf der Grafschaft Arnsberg 1376 mit einem Darlehen unterstützte

Gegen die bereits auf Seite 4 geäußerte Vermutung, die Grafschaft Arnsberg sei dem Kölner Erzstift schenkungsweise übertragen und nicht verkauft worden, spricht eine Urkunde vom 2. März 1376[8]: In ihr bekundete der Kölner Erzbischof Friedrich von Saarwerden, dass *„er bei seinen Getreuen wegen der Einlösung des Landes Arnsberg"* Schulden habe. Unter diesen Gläubigern wird an erster Stelle der Melscheder Ritter Konrad der Wrede genannt, dem *„740 Mark Pagament[9], wie zu Soest gang und gäbe ist, und 150 schwere Gulden"* geschuldet werden. In der Urkunde heißt es weiter: *„Solange diese Schuld nicht beglichen ist, sollen Konrad und seine Erben zum Ausgleich Amtleute – nicht absetzbar und nicht zur Rechnungsablage verpflichtet – über die Feste Hövel, das Gericht Balve, das Gericht Affeln, den Hof zu der Horst und Leute und Gut jenseits der Hönne (up gensiite der Hone) sein".*

Demnach ging somit zu diesem Zeitpunkt der Horster Hof als Sicherungspfand in den Besitz der Adelsfamilie von Wrede zu Melschede über. Es ließen sich leider (bisher) keine Akten und Urkunden finden, wie lange der Hof in diesem Vermögensbestand blieb.

Wahrscheinlich dauerte diese Pfandschaft rd. 250 - 300 Jahre. Die auf Seite 10 ff. des ersten Bandes dargestellte und abgebildete Akte aus der Zeit um 1585, die u.a. den Horster Hof betraf, behandelte nämlich den *„Vergleich wegen bevorstehender Einlösung der auf dem Amt Balve ruhenden Pfandschaft"* und stammt aus dem Besitz des Ferdinand von Wrede-Melschede (1619 – 1685).

Die Akte war ursprünglich als umfassendes Abgaberegister des Balver Amtsdrosten Hermann von Hatzfeld (1527 – 1600) angelegt worden, ihr sind dann Mitte des 17. Jahrhunderts neue Schriftstücke und -sätze hinzugefügt worden.

Dafür, dass der Horster Hof noch bis zur Mitte des 17. Jahrhunderts zum Besitz- und Vermögensbestand der Familie Wrede zu Melschede gezählt werden muss, sprechen die zahlreichen gut erhaltenen Horster Hofakten in diesem Adelsarchiv in Münster. Es ist daher davon ausgehen, dass die Verpfändung des Hofes erst nach dem Dreißigjährigen Krieg endgültig aufgehoben worden ist und er danach wieder in seiner Gesamtheit an das Kölner Erzstift zurückfiel.

Ferdinand Freiherr von Wrede zu Melschede (1619 – 1685). Er war auch Landdrost des Herzogtums Westfalen.

Hermann von Hatzfeld (1527 – 1600) war in der Zeit von 1561 bis zu seinem Tode Amtsdroste von Balve.

**Schloss Melschede um 1837**

Noch 1630 wird in einer Akte von einer „*Unterverpfändung*" des Hofes durch den Kurfürsten an die Familie Wrede gesprochen.[10] Nach der Ablösung unterlag die Verwaltung des Hofes folglich auch der Arnsberger Oberkellnerei, die für die ordnungsgemäße Führung (Pachtverträge) und die Überwachung aller Abgaben- und Dienstleistungen zuständig war.

Arnsberg i. W.
Blick auf Krankenhaus und Altstadt.

Im „Dückerschen Hof", 1627 erbaut
vom kurfürstlichen Oberkellner
Hermann von Dücker (1591 – 1670),
war die Oberkellnerei Arnsberg des
Herzogtums Westfalen bis zu ihrer
Auflösung 1803 untergebracht.
Später befand sich das städtische
Krankenhaus in dem Gebäude.

9

# IV. Im Dreißigjährigen Krieg wurde der Horster Hof überfallen, ausgeplündert und zerstört

Als letzter Hofbesitzer war in den Quellendokumenten der Jahre 1580 und 1596 *„Blesin (Blasien) in der Horst"* namentlich genannt worden.

1600 wurde bei den Abgaben in der Arnsberger Oberkellnerei unter *„Empfang Ambts Renthen de Martini"* bei *„Blesin der Schulte in der Horst"* folgendes registriert[11]:

Roggen ................................acht Malter
Manckorn ............................neun Malter
Hafer ....................................elf Malter
Schweine ..............................zwei[12]
Hühner..................................sechs
Schafe ..................................eins
Eier........................................100
Hofdienste ..........................drei[13]

Diese Abgaben- und Dienstleistungen deckten sich weitgehend mit den bisher bereits bekannten Angaben. Eine Transkription der Seite 14 ist in der Fußnote 14 wiedergegeben.[14]

In einem Aktenvermerk aus dem Jahre 1614 wurde *„Bleßien ihn der Horst"* wiederum genannt, als es um die Lieferung und den Transport von Staffeisen aus den Hammerschmieden zu Ha-chen und Sellinghusen[15] *„so dem Herrn Drosten zu Balve gehorigh"* ging.[16] Danach sollen mehr als 16 Wagen für diese Fahrt nach Dortmund geladen worden sein und der Schulte sei ungeduldig geworden. Die Rückfuhre bestand aus Waren – u.a. zwei Tonnen Hering, Stockfisch, Gold und Baumöl. Der Vermerk trägt die Aufschrift *„Rechnung Stichteboß zu Balve".*

Was auf und mit dem Horster Hof danach bis zum Jahre 1630 geschah, blieb (bisher) im Dunkel der Geschichte.

Am 24. April 1630 stellte dann in Melschede die Witwe Wrede, Wilhelma Dorothea von Rolshausen, eine neue *„Gewinnotel uff den Hoff in der Horst"* aus.[17] Sie verpachtete den Hof, der ihrem Mann vom Kölner Kurfürsten *„verunterpfändet"* worden sei, auf zwölf Jahre an den achtbaren Johann Brüninghauß aus Menden.

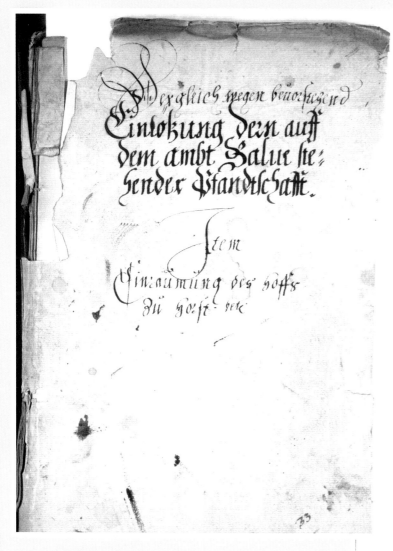

Die Pacht betrug:

- acht Malter Roggen
- acht Malter Mangkorn
- acht Malter Hafer
- fünf Reichstaler für ein feistes Schultschwein
- ein Magerschwein
- eine Gans
- sechs Hühner
- 100 Eier
- einige Dienstleistungen und Fuhren

Angesichts der schwierigen Zeit – der Dreißig-jährige Krieg währte bereits zwölf Jahre! – dürften diese auferlegten Abgaben sehr hoch gewesen sein.

Um 1585 wurde das Abgabenregister des Balver Amtsdrosten Hermann von Hatzfeld geschrieben. Es umfasste insgesamt rd. 500 Namen von Höfen, Bürgern und Köttern der kurkölnischen und märkischen Region.

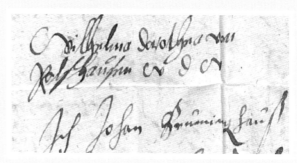

So unterschrieben die Ww. Wilhelma Dorothea von Rolshausen, 2. Ehefrau von Stephan v. Wrede in Melschede, und Johan Brü-ninghauß aus Menden 1630 den Pachtvertrag über die „vorderste Horst".

Brünighauß gelobte und versprach für sich und seine Frau zwar die Einhaltung des Vertrages, aber Zweifel daran waren schon angebracht. Als Zeugen und *„underhandelers"* traten Peter Witte, Bürger zu Menden, und Hindrich in den Münchkohle auf.

Eine Wende zu diesem Vertragswerk schien sich abzuzeichnen, als kurz darauf in einem Vermerk vom 29. April 1630 Caspar Scherrer die Situation zum vordersten Horster Hof aus seiner Sicht darstellte: Er und seine Frau hätten sowohl an Haus und Gebäuden viel verbessert, die Ländereien instand gesetzt und noch vieles mehr getan. Dafür habe der Droste – gemeint ist der Inhaber des Hofes[18] – auch ihm und seinen Kindern den Hof zuerkannt. Er habe jährlich die Pacht bezahlt, berufe sich auf sein Recht und dulde daher keinen anderen Colonen auf dem Horster Hof.[19]

Bereits wenige Tage danach am 13. Mai 1630 schrieb die Witwe v. Wrede an den in Arnsberg amtierenden kurkölnischen Landrosten im Herzogtum Westfalen, Friedrich von Fürstenberg-Herdringen.[20]

In diesem Brief schilderte sie, dass der Balver Bürgermeister Caspar Scherrer ihrem Rentmeister gegenüber Forderungen geltend gemacht habe und sich auf eine *„Gewinnnotul"* für den Horster Hof berufen habe, die ihr verstorbener Ehemann ausgestellt habe. Die Frau des Bürgermeisters wird als *„gewesene Meyersche in der Horst"* bezeichnet. Der Landrost wurde gebeten, Scherrer zur Vorlage des Vertrages aufzufordern und – falls es tatsächlich so sei – ihn zu bitten, dann auch die rückständigen Zinsen und die Pacht im Sinne *„der minderjährigen und vaterlosen Kin-*

Friedrich von Fürstenberg (1576 – 1646) war von 1624 bis zu seinem Tode Landdrost des Herzogtums Westfalen

*der"*[21] zu bezahlen. Aus der churfürstlich-kölnischen Kanzlei in Arnsberg kam postwendend schon am 3. Mai 1630 ein Schreiben, das die beiden Parteien *„zur Entscheidung solcher streitiger Gebrechen"* für den 6. Mai 1630 um 8 Uhr in die Ratsstuben bat.

Offenbar hat es mehrere Verhandlungen gegeben. In einem weiteren Schriftstück vom 17. Juli 1630 bat die Ww. von Wrede um eine Terminverschiebung.

Die späteren nicht vollständigen Akteninhalte lassen vage vermuten, dass es wohl zu einer gütlichen Einigung gekommen ist und Johan Brüninghauß zunächst auf dem Horster Hof bleiben konnte.

Am 1. Juni 1631 bestätigte dann Johan Brüninghauß mit Dank – *„itzo in der Horst"* – dass ihm in höchster Not die Ww. von Wrede eine Summe von insgesamt 128 Reichstalern *„gutwillig"* vorgestreckt habe, um den Hof weiterhin mit Gewinn bewirtschaften zu können. Er versprach, diesen Betrag in zwei Terminen, zunächst am Osterfest 1632 und sodann an St. Martin desselben Jahres zu erstatten. Zu seiner und der Sicherheit seiner Frau und Erben ließ er den Bürgermeister zu Menden und Doktor der Rechte, Stephan Niederstadt[22] dieses Dokument ebenfalls unterzeichnen.

Am 19. März 1632 wandte sich Brüninghauß wiederum an den Balver Drosten mit inständigem Begehren, von der Zahlung des fälligen Darlehens, das sich inzwischen auf 178 Reichstaler belaufe, Abstand zu nehmen und ihm auch die jährliche Pacht zu *„lindern – „so ferne (er) aufem Horster Hove verbleiben sollte".*[23] Falls er nicht erhört werde, *„müsse er sich von dannen begeben."*

Wie es mit der Bewirtschaftung und Verwaltung des Hofes weiter gegangen ist, ist nicht überliefert geblieben. Die Kriegsereignisse der nachfolgenden Jahre zogen auch den Horster Hof schwer in Mitleidenschaft.

1633 war im Dreißigjährigen Krieg ein sehr schlimmes Jahr für das gesamte Sauerland. Nach dem Eindringen der Schweden unter Gustav Adolph und dem Einfall der Hessen erhielt der Krieg auch im Herzogtum Westfalen durch Truppendurchzüge, Einquartierungen und Eroberungen eine neue besonders hohe zerstörerische Qualität.[24]

Auch für den Horster Hof brach eines der dunkelsten Kapitel seiner Geschichte an: Unter dem gefürchteten kaiserlichen Feldmarschallleutnant Lothar Dietrich Freiherr von Bönninghausen[25], der aus dem benachbarten Apricke bei Deilinghofen stammte, erfolgten *„abermalig"* Einquartierungen der kaiserlich-katholischen Soldatesca, die erhebliche Abgaben (u.a. *„frisch Rindfleisch, Brot, Bier, Schaffleisch, Heu, Hafer sowie reisige Pferde")*, Zerstörungen, Not und Armut mit sich brachten.[27] Die im Melscheder

So unterzeichnete der kaiserliche Generalwachtmeister Lothar Dietrich Freiherr von Bönninghausen, der aus Apricke stammte, am 10. September 1633 in Arnsberg die „Ordinantia des Underhalts diser Reutherey".[26] Sie diente der Versorgung seiner Truppen, die zur Katholischen Liga gehörten.
Er war ein sehr gefürchteter, raffgieriger „westfälischer Söldnerführer". 1633 ließ er den Horster Hof überfallen, plündern und zerstören. Der damalige Pächter Johann Brüninghauß gab den Hof auf.

Das Familienwappen von Bönninghausen zeigt einen nach rechts aus dem Wasser schauenden Hechtkopf mit 5-zackiger Krone auf dem Haupt. In der Akte Nr. 2098 im Archiv von Melschede wird u.a. berichtet, der häufig betrunkene General v. Bönninghausen habe nicht selten gefordert, „man solle ihm Fische zum Essen und für die Obristen Kuchen bringen".

Plünderung eines Bauernhauses (Zeitgenössisches Gemälde von Sebastian Vrancx)

Archiv gefundene Akte berichtet von unvorstellbaren Zuständen und Schikanen der Landsknechte. Kurz vor Weihnachten 1633 ließ Bönninghausen auch Iserlohn plündern.[28] Dabei wurde der damalige Bürgermeister Henrich Duisberg umgebracht.

Der Horster Hof war nach diesen Vorfällen nicht mehr zu bewirtschaften („*das Land so verdorben*"), so dass auch sein Besitzer Johann Brüninghauß – nachdem er wiederholt um Erlass der Pacht und Abgaben gebeten hatte – schließlich die Verwaltung des Hofes im Oktober 1634 aufgab.[29]

Warum kam es zu diesen schlimmen Plünderungen und Verwüstungen gerade hier? Wie alle Heerführer hatte auch Bönninghausen ein Söldnerheer – *„aus aller Herren Länder"* – unter seinem Kommando, das sich hemmungslos immer aus der unmittelbaren Gegend mit Naturalien und Fourage versorgte. Da das Sauerland Quartier- und Durchzugsgebiet war, bedeutete es, dass lokale Überfälle und eigenmächtige Aktionen „streifender Rotten" an der Tagesordnung waren.[30]

Auch Eisborn und Burg Klusenstein sind 1633 von Übergriffen, Plünderungen und Zerstörungen nicht verschont geblieben.[31]

Etwa zwei Jahre lag der Horster Hof nach der

Plünderung, Zerstörung und vermutlichen Brandschatzung unbewirtschaftet, „*wüst*" und damit unbewohnt.

Am 14. März 1635 tauchte dann in einer Notiz des „*Muddeken aus Albringhausen*"[32], die er an den Balver Bürgermeister Scherrer richtete, der Hinweis auf, dass der Hof nun vom Drosten auf zwölf Jahre an Diderich Schulte aus Eisborn verpachtet worden sei.[33] Angesichts der wirtschaftlich schwierigen Lage waren die jährlichen Abgaben deutlich reduziert und auch einige Nachlässe vereinbart worden:

- sechs Malter Roggen
- sechs Malter Gerstkorn
- fünf Malter Hafer
- ein feistes Schwein oder 5 Reichstahler
- eine Gans
- sechs Hühner
- 100 Eier
- Einen Tag Pferdedienst

Aus dem Dokument wird nicht klar, wodurch diese Verbindung zwischen dem Horster und dem Albringener Hof bestand und warum dieser Hinweis auf den neuen Hofpächter erfolgte. Möglicherweise ging es auch um den Erwerb von Grundstücken, die abgabepflichtig waren. Einige Jahrzehnte später jedoch tauchten dann genealogische Verbindungen zwischen den Höfen in Albringen, Wenningen und der Horst auf. Sie konnten etwas mehr Licht in diese Zusammenhänge bringen.

Das Amt Balve insgesamt hatte sehr stark unter diesen schlimmen Kriegsereignissen mit seinen Zerstörungen, Einquartierungen und Kontributionen gelitten. Eine Kommission, die 1637/38 im Amt Balve eine Bestandsaufnahme vornahm, registrierte, dass es unter den gemeldeten 22 Dorfschaften keine einzige gab, die nicht betroffen war.[34] Insgesamt 135 Stätten (Höfe und Häuser) sollen „*wüst gelegen*" haben.[35] Noch 1640 berichtete das Amt an den Kurfürsten, man sei völlig ausgeraubt, da der Krieg nicht nur täglich, sondern „*alle Stunde*" gegenwärtig sei.[36]

Aber es war noch kein Ende dieses Elends in Sicht, obwohl schon ab 1641 erste Anzeichen für Friedensgespräche bestanden.

Mit einem verzweifelten Schreiben vom 22. Juni 1644 wandten sich **alle** Untertanen des Amtes Balve an den Kurfürsten[37]: Das Amt sei durch die schweren anhaltenden Kontributionen „*hart angegriffen, erschöpft und ins äußerste Verderben geraten*". Mehr als die Hälfte der Güter lägen verwaist und am Ende bliebe ihnen nur noch, „*den Bettelstab in die Hand zu nehmen und davon zu ziehen – in die Grafschaft Mark*".

Das war eine ungewöhnlich massive Drohung. Mit dieser Ankündigung, das kurkölnische Territorium zu verlassen, glaubte man, den Landesherrn und die Regierung nachhaltig beeindrucken und zum Handeln bewegen zu können.

Leider ist aber keine obrigkeitliche Reaktion auf dieses Schreiben überliefert.

Auch wenn die Gesamtlage äußerst angespannt und die wirtschaftliche Lage im Besonderen dramatisch schlecht war: Das Leben auf den Höfen musste schlecht und recht weitergehen. Es blieb jedoch häufig unklar und verworren, wer wem zu dienen hatte und wem eigentlich was gehörte.

Nur so ist wohl auch eine Korrespondenz zu verstehen und einzuordnen, die in den Jahren

Landsknechte überfallen einen Bauernhof

1641- 42 Balthasar und Jobst Otten von Oer wegen der „*Markgerechtigkeit des vordersten Hofes in der Horst*"[38] mit dem Pfandgläubiger des Hofes, dem damaligen Balver Drosten Ferdinand von Wrede und seinem Rentmeister Diederich Cramer (auch Kramer) führten.[39] Jobst Otto (auch Otten) von Oer war 1638 durch Heirat auf das Eisborner Rittergut gekommen[40], Balthasar müsste sein Bruder oder ein Verwandter gewesen sein. Oer[41] ist der Name eines alten westfälischen Adelsgeschlechtes aus dem Vest Recklinghausen. Der Ursprung der Familie von Oer war die Villikation Oer. Daraus ist auch der heutige Stadtteil Oer von Oer-Erkenschwick hervorgegangen. Der Oberhof Oer mit zahlreichen Unterhöfen gelangte in den Besitz des Erzbistums Köln und war seit dem 12. Jahrhundert eine Grundherrschaft des Kölner Domkapitels.

Es ist gut vorstellbar, dass den beiden Brüdern von Oer die Verwaltung und Bewirtschaftung des

Eisborner Haupthofes, der ja auch zu Köln gehörte, in dieser schlimmen Zeit übertragen worden war. Zudem dürfte dem Domkapitel bewusst gewesen sein, dass der nahegelegene Horster Hof – wenn auch verpfändet – immer noch zum Eigentum des Erzstiftes zählte.

In dieser Akte 3495, die auf dem Deckblatt den handschriftlichen Vermerk trägt:

*„Ich schreiben baltzer von*
*Oehr zu esbern wegen*
*der mast so zu dem fodersten*
*Hove in der Horst gehort"*

ging es um die Rechte an der Mast- und Weidehude, die an das Eisborner Gehölz (*„Eßbersche Geberge undt Geholtze"*) stießen.

1641 wandte sich Balthasar v. Oer von Eisborn aus sowohl an Ferdinand von Wrede in Melschede als auch dessen Rentmeister Diederich Cramer und bat um einen Besprechungstermin. Am Ende des Schreibens bemerkte er noch, dass der Droste wohl immer gut informiert sei, wo z.Zt. die Märsche des Kriegsvolkes (*„Zeittunge vom Krigesvolcke woe der Marsch"*) verliefen. Da er (v. Oer) ja noch auf Reisen gehen wolle, bitte er ihn um

entsprechende *„Verständigung"*.

Am 27. März 1642 machte sich Jobst Otto v. Oer in einem Schreiben an den Amtsdrosten v. Wrede zum Sprecher aller Bürger von Eisborn und Umgebung (*„auf Begehren dieser armen Leuthe alhier zu Eisbern"*). Die Leute seien zwar noch dienstleistungswillig, jedoch durch die Kriegsereignisse in so bittere Armut geraten, dass sie zur Zeit (*„bey diesen beschwerlichen Zeiten"*) wegen all der Contributionen, Abgaben etc. nun auch kein weiteres *„Kühe-Geld"*[42] (*„weilen die Leuthe umb d[aß] KüheGelt hart angestrenget"*) zu leisten imstande wären. Da es wohl Zweifel an dem rechtmäßigen Eigentum gab, erklärte fast zur gleichen Zeit (5. April 1642) Balthasar v. Oer gegenüber dem Melscheder Rentmeister Cramer, die betroffenen Güter – offensichtlich war das Eisborner Herren- und Rittergut mit seinen Ländereien gemeint – seien allesamt rechtlich einwandfrei und im Wege der Erbfolge erworben worden.

Eine Reaktion des Ferdinand v. Wrede auf diese Eingaben ist leider nicht überliefert.

# V. Neuanfang und Wiederaufbau des Horster Hofes nach dem Dreißigjährigen Krieg

Am Ende des Dreißigjährigen Krieges bewirtschaftete Caspar Herdring mit Francisca Schulte den Horster Hof. Vermutlich hatte Francisca nach dem Tode ihres ersten Ehemannes, Diderich Schulte, erneut geheiratet. Aus diesen beiden Ehen stammten acht Kinder, von denen Anna am 16. November 1659 Joachim Evertz aus Eisborn heiratete. Er übernahm die Verwaltung des Hofes. Aus dieser Verbindung wiederum gingen neun Kinder hervor.

Wie schon im ersten Band dargestellt wurde, war diese Nachkriegszeit nicht leicht. Haus und Hof waren arg in Mitleidenschaft geraten und wohl in einem trostlosen Zustand. Auch die Grundherrschaft (Kurfürst/Amtsdrost), die offenbar 1650/51 Anweisung und Unterstützung zum Aufbau gegeben hatte, erwartete zu dieser Zeit nur wenig an Pacht.

In einem Vermerk des Balver Amtsdrosten aus der Zeit um 1650 heißt es dazu[43]:

> *„bey dem Scholten in der*
> *Horst bleibt auch in resto die*
> *vollige Pfacht ad - 28 malter*
> *Nebens den Schweinen, Gansen, Hünern und*
> *dienst[en]*
> *daß Hauß, so durch den Krieg hernied[er] gerißen*
> *und viel Jahr wuest gelegen, habe ich im Jahr*
> *1651 mit nit geringen Kosten wiederumb*
> */: wie augenscheinlich zu sehen :/ newerbawet[44],*
> *ist aber*
> *doch in etlichen Jahren von dießem Hoffe*
> *wenig zu hoffen.“*

Noch 1669 klagte Joachim Evertz am 24. August in einem Schreiben an den damaligen Balver Drosten[45], Freiherrn Ferdinand von Wrede in Melschede, und bat *„in diesen meinen nöten umb hülf und trost“*,

denn

- er habe nach der Übernahme des Hofes – *„der langh wüst gelegen“* – von seinem Schwiegervater ein Haus und eine Scheune bauen müssen, deren Baukosten ihm auf die Pacht angerechnet werden sollte – was allerdings nicht geschehen sei.
- das Wachstum auf den Wiesen und Kuhweiden sei sehr schlecht.
- die Pacht viel zu hoch und – da er noch Restschulden habe – unmöglich jährlich zu bezahlen.

Schon in der Erstauflage war offen geblieben, wem als Pächter eigentlich in der Zeit von 1669 bis 1698 die Verantwortung für die Verwaltung und Bewirtschaftung des Horster Hofes oblag.

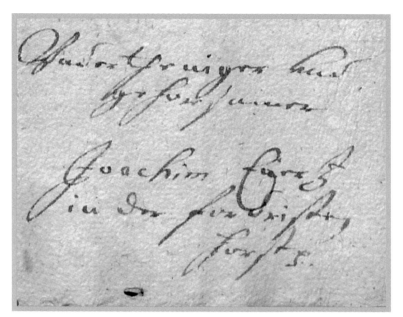

„Undertheniger und gehorsamer Joachim Evertz in der fordristen Horst p."
So schloss Joachim Evertz 1669 sein Bittgesuch an den Balver Amtsdrosten Ferdinand von Wrede ab.

Joachim Evertz, der nach seiner Eingabe wohl von der Leitung entbunden worden sein dürfte, wurde im Schatzungsregister von 1685 zwar noch als der „vorderste Schulte" genannt. In diesem Dokument erfolgte aber gleichzeitig auch schon ein Hinweis auf das Eisborner Burghaus der Familie von Haxthausen. Es kann davon ausgegangen werden, dass der Hof – im Einvernehmen mit dem Balver Amtsdrosten – in dieser Zeit vom Eisborner Haupthof aus geführt worden ist. Dafür spricht einerseits die Korrespondenz in der Akte aus dem Jahre 1641 - 42 (vgl. S. 15 ff. dieses Buches) sowie auch die Folge der Hofpächter in den nächsten Jahrzehnten.

Die Weide- und Huderechte für das Vieh – insbesondere die Schafe und Schweine – spielten für die Bauern in allen Zeiten eine sehr große Rolle. Nur selten waren diese Rechte so verbrieft, um festzustellen, wo und wann die Tiere eingetrieben werden durften. In der Erstauflage waren

bereits Streitigkeiten zwischen den beiden Horster Bauern und dem Grafen zu Wocklum dargestellt worden (vgl. S. 29 und 60 ff.).

In einer jetzt gefundenen Akte von 1700 findet sich ein Rechtsstreit vor dem Balver Richter, in dem „die beiden Schulten aus der Horst" Klage und auch einen Rechtsstreit gegen den Hof Bäingsen[46], der zum Stift Fröndenberg gehörte, auf der märkischen Seite führten.[47] Offensichtlich waren ihre Tiere mit dem Hirten von Ländereien, die „unstreitig auf kurkölnischen Territorium" lagen, vertrieben worden. In dem Streit, der sich bis in das Jahr 1702 zog, wurden als Zeugen Henrich Dauminieten aus Balve und Melchior Schroers aus Eisborn von „Ernest Theod. Grysenbroech momper" vernommen.

Am 14. März 1702 wurde sogar ein – wohl vorläufiger – Arrest über alle Effekten und Bestialien[48] des Schultenhofes durch die beiden Gerichtsfronen Herman Schaffer und Johan Riedelicht mit einem Strafzuschlag von 25 Goldgulden von Balve aus verhängt.[49] Mit diesem Rechtsmittel wollte der Beklagte in Bäingsen möglicherweise noch irgendwelche Ansprüche vorläufig absichern. Mehr an Gerichtsakten und Protokollen ist leider nicht überliefert geblieben. Aus den erhaltenen Schriftstücken und weiteren Ladungsschreiben lässt sich jedoch deutlich eine richterliche Meinung zu Gunsten der beiden Horster Kläger auf Grund ihrer alten überkommenen Rechte vermuten.

# VI. Die Vorfahren von Eberhardt Rothövet stammten aus Albringen und Wenningen

Der Hofinhaber Muddeken aus Albringen hatte bereits 1635 in einem Vermerk auf den neuen Hofpächter Diderich Schulte in der Horst hingewiesen.

Wie bereits in der 1. Auflage geschildert, übernahm Ende des 17. Jahrhunderts Eberhardt („*Everadus*") Rothövet gen. Schulte die Führung des Horster Hofes. Es war schon gemutmaßt worden, dass es zwischen ihm und der in Albringen, dann auch später Eisborn ansässigen Familie Rothaupt eine Verbindung gegeben haben muss. Diese Vermutung hat sich als richtig herausgestellt. Recherchen in den Pfarrarchiven haben inzwischen folgende Familienstämme ergeben:

| NN Rothövet | Anna Rothövet, geb. ? |
|---|---|
| ∞ um 1635 | |
| * ? | * um 1612 |
| | † 9. Mai 1687 |
| | in Eisborn |
| **1 Sohn:** | |
| **Georg, Jürgen** | |

| Georg, Jürgen Rothövet gen. Schulte | Magdalena Wenninghaus |
|---|---|
| ∞ 13. Juli 1670 in Enkhausen | |
| * um 1640 in Albringen | * um 1645 in Wenningen |
| † 26. Juni 1698 in Horst | † 3. Okt. 1705 in Horst |

**8 Kinder:**

| **1. Everardus** | |
|---|---|
| * 29. Juni 1675 | † 12. Jan. 1705 |
| **2. Margaretha** | |
| * 17. Oktober 1677 | † ? |
| **3. Johannes** | |
| * 16. August 1679 | † ? |
| **4. Catharina** | |
| * 26. Mai 1681 | † 22. Dez. 1682 |
| **5. Elisabeth** | |
| * 9. November 1683 | † 10. Dez. 1683 |
| **6. Dorothea Elisabeth** | |
| * 19. März 1685 | † ? |
| **7. Bernd Friedrich** | |
| * 6. Februar 1689 | † ? |
| **8. Wilhelm**[50] | |
| * 11. Februar 1691 | † ? |

Das Ehepaar ist lt. Kirchenbuch zwar in Enkhausen getraut worden – dort, wo beide Eheleute auf Grund ihrer lokalen Herkunft auch getauft worden waren. Sie haben aber später offensichtlich in Eisborn gelebt. Denn bei allen Kirchenbucheintragungen werden sie als „Schulte und Eheleute zu Eisborn" genannt. Vermutlich waren sie Pächter des Eisborner Haupt-/Herren- bzw. Burghofes. Dafür könnte auch sprechen, dass Dorothea Francisca von Haxthausen, die Ehefrau des damaligen Burgherren in Eisborn, beim 6. Kind als Taufpatin auftrat. Alle Kinder sind im Balver Taufregister eingetragen.

Nach dem Tode ihres Mannes im Jahre 1705 heiratete Elisabeth Schulte den aus Binolen stammenden Dietrich Theodor Cordes. Aus dieser Verbindung gingen fünf Kinder hervor (vgl. Erstauflage S. 26 – 27).

Das Todesdatum von Elisabeth Cordes gnt. Schulte konnte inzwischen auch gefunden werden: Sie starb am 16. Februar 1741 im Alter von fast 62 Jahren in der Horst.

| Eberhardt Rothövet gen. Schulte | Elisabeth Schulte, Bentrop |
|---|---|
| (erste Ehe) | |
| ∞ 16. Oktober 1698 Balve | |
| * 29. Juni 1675 | * 16. März 1679 |
| † 12. Januar 1705 | † 16. Febr. 1741 |

**3 Kinder:**

**1. Anna Margaretha**
* 13. Dezember 1699   † 11. Dezember 1781
1. ∞ 30. Mai 1718 Peter Brackellmann Fröndenberg; (2 Kinder)
2. ∞ 20. Juli 1721 Vincentius Humpert, Bellinghausen (7 Kinder)

**2. Elisabeth**
* 1. Januar 1702   † 25. April 1702

**3. Angela**
* 6. Mai 1703   † 17. Mai 1761
∞ 20. November 1723 Winold Schmidt gnt. Spitthoff, Werringsen (8 Kinder)

# VII. Der dritte Hof in der Horst, das „Noltengut", war schon Ende des 16. Jahrhunderts „wüst" (unbewohnt)

1593 verkauften Bernd Wrede zu Reigern und seine Frau Gertrud mit „Halm, Hand und Mund" für bar erhaltenes Geld an Johann Wrede zu Melschede, Statthalter zu Limburg, und seine Frau Anna Schade ihre beiden Erbhöfe in der Dorfschaft Beckum den Grotherhof und den Wittenhof......... sowie ihren wüsten Hof in der Horst genannt Noltengut dem Thönis, ein Oelinghauser Schulte als ....   Das Balver Gericht siegelte diesen Vertrag.[51]

Schon wenige Jahre später – am 19. April 1618 – tauschte die Oelinghauser Äbtissin, Otilia von Fürstenberg, mit Stephan Wrede zu Meschede, Drost zu Balve, ihren Erbhof „Fogels Hoeff" bei Balve, ihr Gut zu Beckum genannt *„Tylmans Gut"*, welches z. Zt. Johan Frone verwaltete, gegen das wüste Gut in der Horst und den *„alten Hof zum Hövel"*, genannt Schmidts Gut.[52]

Wie bereits auf den Seiten 12 und 26 der Erstauflage dargestellt, beendete das Kloster Oelinghausen das Kapitel des dritten Hofes in der Horst schließlich und teilte am 2. August 1702 in der Amtszeit von Propst Wilhelmus Schmitman die Ländereien des Noltengutes unter den beiden Horster Höfen auf.[53]

# VIII. Ergänzungen zu den Berichten im 20. Jahrhundert und der Neueren Zeit

Wilhelm Schulte-Horst fiel am 29. März 1943 in Russland und wurde auf dem Soldatenfriedhof Weschki am Wolchow beigesetzt

**Wilhelm Schulte-Horst** diente als Unteroffizier im 6. Infanterie-Füsilierregiment 68. Er fiel am 29. März 1943 durch eine Mine an der sogenannten Wolchow-Front. Zu seinem Tode und der Bestattung gibt es im Hofarchiv Briefe von Oberleutnant G. Kurtz, den Regimentskameraden Fritz Geisen und Erich Rettig sowie dem Militär-Seelsorger Leutnant Daubbs.

**Franz Schulte-Horst** befand sich während seiner russischen Gefangenschaft (1945 – 1949) überwiegend in Narva – einem Grenzort, der heute zu Estland gehört.
Von Wilhelm und Franz sind Feldpostbriefe erhalten geblieben, die sich im Hofarchiv befinden.

**Prof. Dr. Leonhard Küppers** wurde Anfang Juni 1985 im Kreuzgang des Essener Domes beigesetzt. Seine Grabplatte trägt neben den persönlichen Lebensdaten die Aufschrift „VIVAS IN DEO".

### Aus der jüngeren Zeit:
· Geburt:
Franz Schulte am 11. Februar 2008
(Eltern: Klaus und Marietheres Schulte)

· Todesdaten:
Margret Schulte-Horst, 9. März 2008
Elisabeth Mertens geb. Schulte-Horst, 2. April 2010
Franz Schulte-Horst, 10. Juni 2010

# Landwirtschaftliche Innovationen in der Horst machen Schlagzeilen

Grasschnitt fällt im Sauerland viel an. In der neuen Biogasanlage in Balve-Eisborn wird er in Energie umgewandelt. Fünf Landwirte haben 2,2 Millionen Euro investiert. Foto: Martina Dinslage

## Ein Gewinn für alle

### Landwirte in Balve liefern Hotels und Familien Biogas aus neuer Anlage

**BALVE. (rd)** Öko-Energie für Touristen und ihre Gastgeber, das liefert ab Ende August eine neue Biogasanlage, die vier Landwirte in Balve-Eisborn für 2,2 Millionen Euro gebaut haben. Die Hotels „Antoniushütte" und „Gasthof zur Post" werden ebenso mit Gas beliefert wie drei Einfamilienhäuser.

Bevor der Bau begonnen wurde, haben sich die Landwirte Georg Schulte, Wilhelm Spiekermann, Franz-Josef Schulte-Bauerdick und Michael Tillmann in ganz Deutschland über den Betrieb von Biogasanlagen informiert. Als Anfänger im Energie-Metier habe man sich außerdem von Experten des Landwirtschaftsverbandes und von Fachfirmen betreuen lassen. Für die Hoteliers rechnet sich die Zusammenarbeit mit den Landwirten. Der Preis für das Gas aus dem Ort liegt 50 Prozent unter dem Ölpreis.

In der Eisborner Anlage sollen Mais und vor allem Grassilage vergoren werden, die im Sauerland viel anfällt. Dabei setzen die Investoren auch auf die Zulieferung durch die Bauern aus der Region. Georg Schulte verspricht: „Diese Landwirte werden gut bezahlt."

## Hotels werden mit Gas aus Eisborn versorgt

### Vier Landwirte investieren 2,2 Millionen Euro in eine Biogasanlage

Von Von Richard Elmerhaus

**BALVE/EISBORN.** Ende August geht die neue Biogasanlage, die vier Landwirte aus Eisborn und Asbeck für 2,2 Millionen Euro im Horster Feld haben bauen lassen, ans Netz.

„Wenn Ende Oktober der zweite Motor in Betrieb ist, werden wir die beiden großen Hotels und drei Einfamilienhäuser, die an der Strecke liegen, mit Gas versorgen", sagt Landwirt Georg Schulte, der sich dem Bau einer Biogasanlage lange mit seinen Kollegen Wilhelm Spiekermann, Franz-Josef Schulte-Bauerdick und Michael Tillmann überlegt hat.

Zwei Jahre sind die Landwirte durch Deutschland gereist, um sich Informationen einzuholen, aber auch, um einen finanziellen Flop zu verhindern. „Weil wir auf dem Geschäftsfeld Biogasanlage Anfänger sind, haben wir uns die ganze Zeit vom Landwirtschaftsverband Münster und von Fachfirmen betreuen und beraten lassen", erzählt Georg Schulte.

Die Rundumbetreuung allein reichte den vier Landwirten aber nicht. Sie wollten die Refinanzierung der Investitionssumme in Höhe von 2,2 Mio. Euro langfristig gesichert wissen. Durch das Erneuerbare-Energien-Gesetz (EEG), das den Investoren 20 Jahre lang einen Strompreis von 20 Cent pro Kilowattstunde garantiert, war die Planungssicherheit gegeben. Zumal es den Landwirten gelungen ist, die beiden Hotelbesitzer Britta Spiekermann und Klaus Dornsiepen von ihrem Konzept zu überzeugen, denn mit der Gasversorgung mit der neuen Anlage sparen sie viel Geld. Der Preis für das Gas aus dem eigenen Ort liege 50% unter dem Ölpreis. Der Deal rechne sich für beide Parteien, sagen die Landwirte.

„Wenn die Biogasanlage, die mit Grassilage, Mais, Mist und auch Gülle gespeist wird, läuft, fließen pro Tag 470 Kilowattstunden ins Netz", sagt Georg Schulte, der sich mit seinen Kollegen dazu entschloss, zwei Motoren anzuschaffen. Während der eine für die Biogasanlage im Horster Feld bestimmt ist, wurde der andere gestern Morgen mit einem 400-Tonnen-Kran im Bereich des Eisborner Friedhofsweges vom Lkw geladen.

Bevor er jedoch in Betrieb geht, muss eine 1,5 km lange Gasleitung von der Biogasanlage zum Friedhofsweg gelegt werden. Für diese Tiefbauarbeiten konnten die Landwirte einen Unternehmer aus dem Freistaat Bayern gewinnen. Er wird die Rohre mit Hilfe einer Grasfräse verlegen. „Das dauert mit dieser neuen Technik lediglich drei Tage", sagt Georg Schulte, der sich mit seinen Kollegen für eine große Biogasanlage entschied, weil im Sauerland neben Mais auch eine große Menge Grassilage anfällt. „Wir wollen aber auch Anlaufstation für andere Landwirte aus unserer Region sein, denn allein durch unsere Betriebe ist die Anlage nicht ausgelastet. „Landwirte, die mit uns zusammenarbeiten möchten, denen kann ich schon heute versichern, sie werden gut bezahlt", verspricht Georg Schulte.

Gespannt entfernt Landwirt Georg Schulte die Folie, um einen Blick auf den riesigen Motor zu werfen.

Noch stehen auf dem 1,6 Hektar großen Areal der neuen Biogasanlage einige Restarbeiten an. Aber am Wochenende sollen die Gärbehälter beschickt werden, Ende nächster Woche der erste Motor laufen. • Fotos: Niemand

## Strom aus Mais und Gülle

### Biogasanlage in Eisborn soll am Wochenende in Betrieb gehen

Von Annabell Niemand

**EISBORN** - Die zweite Biogasanlage auf Balver Stadtgebiet soll am Wochenende den Betrieb aufnehmen. Bauherr ist die Biogas Eisborn GmbH und Co. KG. Dahinter stecken die Landwirte Franz-Josef Schulte-Bauerdick, Michael Tillmann, Wilhelm Spiekermann und Georg Schulte. Zusammen haben sie 2,2 Millionen Euro investiert.

Bereits vor zwei Jahren, so berichtet Georg Schulte, entschied sich das Quartett in die Technik zu investieren. Gespräche mit potentiellen Abnehmern der Wärme wurden geführt – mit Erfolg. Denn: „Erst ein feststehendes Wärmekonzept macht die Sache rund." Das Energieeinspeisegesetz macht den Plan ebenfalls lukrativ. Den Strom, den die Biogasanlage erzeugt, wird in das Netz eingespeist.

Im Februar hatten die Bauarbeiten in der Horst begonnen. Inzwischen ist die Biogasanlage auf dem 1,6 Hektar großen Areal so gut wie fertig. Nur noch einige Restarbeiten sind zu erledigen. „Wir gehen jetzt an den Start. Am Wochenende fangen wir an, die Anlage zu beschicken. Ende nächster Woche läuft der erste Motor", sagt Schulte.

Betrieben wird die Biogasanlage mit Mais und Grassilage, Pferdemist und Rindergülle. Mit 30 Tonnen wird sie jeden Tag gefüttert werden. Der Großteil kommt aus den Ställen und von den Wiesen der Landwirte. „85 Prozent haben wir selbst zur Verfügung." Knapp 300 Hektar Land bewirtschaften die vier Betriebe insgesamt.

In der Anlage entsteht durch einen Gärungsprozess Methangas. Das wird entschwefelt und einem Blockheizkraftwerk zugeführt, wo es einen Motor antreibt. Das wiederum erzeugt Strom – 250 Kilowatt pro Stunde. Wenn der Motor läuft, entsteht auch Wärme. Die nutzt der Hof Schulte in der Horst. Es ist geplant, von den drei Einfamilienhäuser der Restwärme zu beliefern.

Ein zweiter Motor mit einer Stromleistung von 220 kW pro Stunde steht in Eisborn. Eine Gasleitung soll Ende kommender Woche dahin gelegt werden. Die Wärme, die dort entsteht, soll die beiden Hotels und voraussichtlich drei Einfamilienhäuser versorgen. Die Jahresleistung: „Wir haben mit 3,5 Millionen Kilowattstunden gerechnet", berichtet Schulte.

Kritiker sagen, dass Maisanbau für Biogasanlagen zu Monokulturen führe. Das kann Schulte nicht ganz bestreiten: „Mais ist eine interessante Frucht. Sie hat die höchsten Hektar-Erträge." Allerdings sagt er auch: „Für uns haben wir gesagt, dass wir nicht mehr als 50 Prozent Mais anbauen." Beim Bau der Anlage sei die Entscheidung berücksichtigt worden. Eine spezielle Rührtechnik wurde eingebaut, weil Mist und Gras schwerer zu vergären sind als Mais. So kann die Anlage vieles „verdauen". Ganz nebenbei entsteht mit dem vergorenen Bioabfall hochwertiger Mineraldünger. Unangenehme Gerüche müssen die Eisborner nicht befürchten. Der Landwirt beruhigt: „Alles, was riecht, vergärt und die Behälter sind dicht."

Georg Schulte und Franz-Josef Schulte-Bauerdick (von links) mit einem der Motoren – dem Herz der Anlage.

Im ersten Jahrzehnt dieses Jahrhunderts erzielte der Schulten-
hof in der Horst öffentliche Aufmerksamkeit durch die Einfüh-
rung neuer Techniken und Technologien:

- Die Errichtung einer Biogasanlage und
- den Einsatz einer mobilen Saftpresse

Die Presse berichtete darüber u.a. in der „Westfalenpost" und dem
„Süderländer Volksfreund" wie folgt:

# Ein gutes Gewissen gibt es noch obendrauf

Apfelsaft aus eigener Produktion ist mehr als nur lecker und gesund / Obsternte in diesem Jahr früher als üblich / Mobile Saftpresse im Einsatz

Von Marcus Bottin

**EISBORN.**
In der Region hat die Apfel-
ernte begonnen - ein bis
zwei Wochen früher als üblich und mit der Aussicht auf
besonders hohe Erträge.
Pünktlich zum Auftakt sind
auch Klaus Schulte und
Michael Breitsprecher mit
ihrer mobilen Saftpresse
unterwegs.

Was hinten rauskommt, ist lek-
ker und gesund – und ein gu-
tes Gewissen gibt es noch
obendrauf. Apfelsaft aus eigener Produktion braucht den
Vergleich mit Supermarktsaft
nicht nur nicht zu scheuen, ein
solcher Vergleich verbietet
sich eigentlich von selbst. Das
vor Ort erzeugte Produkt
schmeckt anfangs vielleicht
ein wenig ungewohnt, späte-
stens beim zweiten oder dritten
Schluck kommt jedoch im

Mit dem Sortieren der Äpfel beginnt die Saftproduktion.

Kopf an, was der Gaumen
schon zuvor gekostet hat:
„Das hier schmeckt wirklich
nach Äpfeln – und zwar inten-
siv nach Äpfeln."
Wer industriell erzeugte Tet-
rapack-Ware mit Einheits-
schmack gewohnt ist, braucht
vielleicht noch etwas länger,
um auf den wahren Ge-
schmack zu kommen, aber
Klaus Schulte weiß: „Das Inte-
resse an Saftpressen vor Ort
wird immer größer. Und die
Leute, die es einmal gemacht
haben, kommen im nächsten
Jahr wieder."
Seit sechs Jahren ist der ge-
lernte Landwirt mit seinem
Geschäftspartner Michael
Breitsprecher jeden Spätsom-
mer und Frühherbst unter-
wegs, um aus Äpfeln Saft zu
machen und aus Safttrinkern
Genießer. Bis zu drei Tonnen
Äpfel können von ihrer mobilen Anlage pro Tag verarbeitet
werden. Bei einer Saftausbeu-
te von durchschnittlich 60 Prozent können so bis zu 1800 Liter zusammenkommen. „Wer
seine Äpfel daheim durch den
Entsafter schickt, bringt es

Michael Breitsprecher beim Ab-
füllen des heißen Saftes.

vielleicht auf 20 bis 30 Prozent
Ausbeute", weiß Schulte.
Kunden, die ihre Äpfel von
der mobilen Saftpresse ver-
arbeiten lassen, kommt es aber
selten auf maximalen Ertrag
an. Hier bekommt jeder Saft
von exakt seinen Äpfeln. Und
der ist dank schonender Pas-
teurisierung ein Jahr haltbar.
Nach Anbruch des wahlweise

> ❞
> *Die Leute, die es ein-
> mal gemacht haben,
> kommen im nächsten
> Jahr wieder*
> Klaus Schulte

5 oder 10 Liter großen Kanis-
ter sind es immerhin mindes-
tens sechs Wochen, die der Apfelsaft schadlos übersteht.
Interessierten erklärt Klaus
Schulte gern, wie aus einem
Sack frischer Äpfel gesunder
Saft wird. Zunächst wird das
angelieferte Obst sortiert.
Früchte mit offenen oder ange-
faulten Stellen dürfen nicht

verarbeitet werden. Dann werden die Äpfel gewachsen und
in kleine Stücke gehäckselt.
Die so erzeugte Maische
kommt in Tücher und wird
langsam unter hohem Druck
gepresst. Der Saft wird kurz
auf 80 Grad erhitzt und dann
noch heiß in Kunststoffschläu-
che mit Zapfventil gefüllt - fertig. Und schon kann der Kun-
de 100-prozentig reinen Apfelsaft aus seinen eigenen Früch-
ten mitnehmen - ohne Konser-
vierungsstoffe oder sonstige
Zusätze.
Eine, die erstmals die Diens-
te der mobilen Saftpresse in
Anspruch nimmt, ist Angela
Höbel. „Ich halte das für öko-
logisch sehr sinnvoll. Sonst habe ich meinen Apfelsaft immer
selber hergestellt. Für ein Kilo
Äpfel habe ich sieben Stunden
gebraucht", verrät sie lachend.
„In diesem Jahr trägt mein
Baum geschätzte 120 Kilo. Da
wollte ich mal die mobile Saftpresse ausprobieren."
Klaus Schulte kann da nur
zustimmen. Auch für ihn spielt
neben dem Geschmack der
ökologische Aspekt eine große
Rolle. Dass er am liebsten seinen eigenen Saft trinkt, ver-
steht sich von selbst. Nur in
der Press-Saison kann er
abends keinen Apfelsaft mehr
sehen: „Wenn du den ganzen
Tag über an der Saftpresse
stehst und etliche Becher pro-
biert hast, dann freust du dich
abends richtig auf ein Bier."
■ Die Saftpresse steht fast jeden Dienstag auf dem Hof
Schulte-Horst in Eisborn und
am 27. September auf dem
Kartoffelhof Scheffer in Menden. Terminvereinbarung
unter ☎ 02373/3979540.

Natürlicher Geschmack kontra industriell gefertigtes Massenpro-
dukt? Für Obstbauer und Saftpressenbetreiber Klaus Schulte ist
das keine Frage. Fotos (3): Marcus Bottin

# IX. Anmerkungen

1 Der Name wird an anderen Stellen auch mit Loy angegeben.

2 Der Turnos war eine Münze (aus Tours) des täglichen Geldverkehrs im Mittelalter.

3 Wigands Archiv für Geschichte und Alterthumskunde Westfalens 7 (1838), S 134; Gosmann, Die Grafen von Arnsberg, S. 185; Hömberg, Geschichtliche Nachrichten, Teil 1, S. 90.

4 Westermann, S. 341 ff.

5 Urkunde vom 25. August 1368. Pergament mit den 15 Siegeln der Landesherren Graf Gottfried IV. von Arnsberg und Gräfin Anna von Kleve-Arnsberg, der Ritter und Burgmänner Anton von Reigern, Rutger Ketteler, Heidenreich Wulf von Lüdinghausen, Arnold Hake, Wilhelm Quatterlant, Arnold von Beringhausen, Johannes Schürmann und Konrad Wrede sowie der Städte Arnsberg, Eversberg, Neheim, Grevenstein und Hirschberg.

6 Gosmann, Die Grafen von Arnsberg und ihre Grafschaft: Auf dem Weg zur Landesherrschaft (1180- 1371); Gosmann, Gottfried IV. und die Sorge um die Zukunft seiner Grafschaft, S. 46 – 53; Schulte-Holbein, Kurfürst, Adel, Bürger, S. 46 – 48.

7 Kurfürst, Adel, Bürger- Das Kurkölnische Herzogtum Westfalen, S. 47.

8 Die Regesten der Erzbischöfe von Köln im Mittelalter, achter Band, S. 1379; Conrad, 800 Jahre Familie von Wrede, S. 12.

9 Zum Einschmelzen bestimmtes eigenes, ausländisches und altes Geld.

10 Archivamt Münster, Akte 3615.

11 Landesarchiv Westfalen, Oberkellnerei Arnsberg Nr. 939 Lagerbuch von 1652, S. 425.

12 Zusatz: „der allezeit eins hat, es sey Mast oder nicht".

13 Zusatz: „davon einer so außem Ambts uff Dortmundt Unna Werll oder Soest p."

14 Transkription von S. 13: „Unnd Anfengklich hab ich von Iren Churfürstlich[en] Gnadenn nit mehr dan einen Erbhoff in der Horst gnandt Thutt mit Jairs

Ann roggen – viii malter
Ann mankorn – viiii malter
Ann habern – xi malter
Ann schweinen – 1 mager schwein
An genßenn – i
An honner – (viii) 6
An Eyern – 100
Item hatt man Jairs auß beiden Kirspeln Balve unnd Affeln
An Kaufhabern – Lx malter ij scheppell
Item hatt man alle Jairs aus der Freyheitt und dem Kirspell Affelen, und nit auß dem Kirspell Balve, Ann greben Habernn fallen – vij malter ij scheppel

Item hatt man Jairs auß der Stadt Balve und volgenden Dörffern, als nemplich: Aßbecke, Eißbern, Beckem, Volckringkußen, Mellen, Holdthausen, Höbringkußen, Garbecke und Crölingkhußen, an greven rogen, Korn und Habern so man von Hauß zu Hauß, mit halben unnd heilen bechern muß auffheben laßenn, Ann rogen unnd korn – Ann habernn – Item hatt man Jairs von den in der Pfandt Verschreibung specificiertenn Gevener (Länderey) unnd Odinger guittern Jairs fallende Rhendte wie volgett:
Item erstlich Herman Wedagh zu Roidt
Ann rogen – i scheppel
Ann kornn – i schepp[el]
An habern – iii scheppel
Ann gelde – xxxxiiii schillingh
Ann genßen – i
Ann Eyern – 25"

15 Sellinghausen

16 Archivamt Münster, Melschede Akte Nr. 1417.

17 Archivamt Münster, Melschede Akte Nr. 3615.

18 Es handelt sich um Stephan von Wrede, der nach Hermann von Hatzfeld als Balver Amtsdrost von 1600 bis 1628 das Amt inne hatte. Er wurde in der Kölner Dominikanerkirche beigesetzt. Er war auch Statthalter zu Limburg. Ihm folgte als Amtsdrost von 1641 bis 1684 sein Sohn Ferdinand v. Wrede, der 1684 auch westf. Landdrost wurde.

19 Archivamt Münster, Akte Melschede Nr. 3618.

20 Archivamt Münster, Akte Melschede Nr. 3617.

21 Es handelte sich um die minderjährigen Kinder Ferdinand v. Wrede und Johann Henrich v. Wrede, Söhne des Stephan v. Wrede.

22 Ein Dr. Stephan Niederstadt wird u.a. noch in einer Mendener Bürgerliste von 1667 (nach Sanitätsrat Dr. Gisbert Kranz) erwähnt.

23 Archivamt Münster, Akte Melschede Nr. 3620.

24 Sterbzeiten, S. 123.

25 Sterbzeiten, S. 363; Teske, S. 106.

26 Archivamt Münster, Akte Melschede, Nr. 2098.

27 Die Akte Nr. 2098 im Archiv Melschede, Archivamt Münster, enthält ausführliche Anweisungen zur Versorgung der Katholischen Liga-Truppen. So forderte u.a. der betrunkene General v. Bönninghausen, „man solle ihm Fische zum Essen und für die Obristen Kuchen bringen".

28 Teske, S. 106.

29 Archivamt Münster, Archiv Melschede, Akte 2098.

30 Sterbzeiten, S. 47

31 Landesarchiv Münster, Abtlg. Westfalen, Gesamtarchiv von Landsberg-Velen (Dep.) Eisborn – Akten.

32 Der „Müddekenhof" in Albringen – heute im Besitz der Familie Grüne – ist einer der frühesten Höfe im Bestand von Kloster Oelinghausen. Er wird urkundlich bereits

# X. Quellen und Literatur

[33] 1280 erstmalig erwähnt.

[33] Archivamt Münster, Akte Melschede, Nr. 3621.

[34] Sterbzeiten, S. 31.

[35] Archivamt Münster, Akte Melschede, Nr. 2353.

[36] Sterbzeiten, S. 31 ff.

[37] Sterbzeiten, S. 299 ff.

[38] Unter diesem Titel ist die Akte 3495 im Findbuch beim Archivamt Münster registriert.

[39] Archivamt Münster, Akte Melschede Nr. 3495.

[40] Er hatte 1638 Mechtild Sophie von Hanxleden geheiratet (Landesarchiv Abtlg. Westfalen Gesamtarchiv von Landsberg-Velen (Dep.) – Akten, Nr. 4974/73). 1644 vermählte sich Mechtild Sophie mit Wolf von Haxthausen.

[41] Die Schreibweise des Namens variiert, mal Oehr, Oer, Ohr.

[42] Kühegeld = Eine in dieser Zeit nur selten anzutreffende und zu erbringende Leistung. Da, wo sie auftauchte, war sie ein Betrag zur Hofhaltung des Grundherrn bzw. Drosten.

[43] Landesarchiv Abtlg. Westfalen, Herzogtum Westfalen, Akte Nr. 1059.

[44] newerbawet = neu errichtet.

[45] Archivamt Münster, Akte Melschede Nr. 3622.

[46] Bäingsen ist heute ein Teil der ehemals selbständigen Gemeinde Deilinghofen, die seit dem 1. Januar 1975 zu einem Ortsteil der Stadt Hemer wurde. Das Gut liegt im Osten Hemers, an der Grenze zur Nachbarstadt Balve. Im Mittelalter war das Gut Bäingsen ein Rittersitz, der ins Verteidigungssystem der Burg Klusenstein integriert war. 1237 wurde das Gut mit dem damaligen Namen Bedinchusen an das Kloster Fröndenberg der Zisterzienserinnen verkauft. Mit dem auf S. 27 in der 1. Auflage genannten Bäyendhausen dürfte es sich ebenfalls um Bäingsen (nicht Böingsen) handeln.

[47] Archivamt Münster, Akte Melschede, Nr. Mel_Ak_1924._

[48] Bestialien = Tiere.

[49] Archivamt Münster, Akte Melschede Nr. 3626.

[50] Er wird 1721 nach Enkhausen für eine Heirat mit „Maria Roland ex Hagen" dimittiert;  (vgl. auch S. 27, 1. Auflage).

[51] Archivamt Münster, Akte Melschede, Nr. 154.

[52] Archivamt Münster, Akte Melschede, Nr. 198. Wolf, Urkunden des Klosters Oelinghausen, Nr.985.

[53] Landesarchiv, Abteilung Westfalen, III, A Fach 271 Nr. 14.

Conrad, Horst und Teske, Gunnar
　　Sterbzeiten – Der Dreißigjährige Krieg im Herzogtum
　　Westfalen
　　Münster, 2000

Geuecke, Friedrich
　　Gemeinde Holzen und Pfarrei Oelinghausen
　　2 Manuskripte, ab 1978 veröffentlicht

Gosman, Michael
　　Fürstenberger Skizzen
　　Arnsberg, 1995

Gosman, Michael
　　Die Grafen von Arnsberg und ihre Grafschaft: Auf dem
　　Weg zur Landesherrschaft (1180 – 1371)
　　in: Klueting, Harm (Hg.)
　　Das Herzogtum Westfalen Band 1, S. 171 -202
　　Münster, 2009

Gregor, Wilhelm
　　Die alte Arnsberger Oberkellnerei
　　Inaugural-Dissertation, Münster 1911

Heimatbund Märkischer Kreis
　　650 Jahre Burg Klusenstein
　　Altena, 2003

Hochsauerlandkreis, Der Landrat
　　Sauerländer Heimatbund e.V. (Hg.)
　　Kurfürst, Adel, Bürger – Das Kurkölnische Herzogtum
　　Westfalen
　　Arnsberg, 2009

Hömberg, Albert K.
　　Geschichtliche Nachrichten über Adelssitze und
　　Rittergüter im Herzogtum Westfalen und ihr Besitzer,
　　Münster 1968 - 1979

Höynck, Franz Anton
　　Die Geschichte der Pfarreien des
　　Dekanates Arnsberg
　　Hüsten, 1906

Klueting, Harm (Hg.)
　　Das Herzogtum Westfalen Band 1
　　Münster, 2009

Landschaftsverband Westfalen-Lippe
　　Inventare der nichtstaatlichen Archive Westfalens
　　Band 14, Münster 1994

Oberschelp, Reinhard
Die Schatzungsregister des 16. Jahrhunderts für das
Herzogtum Westfalen
Münster, 1971

Padberg, Bernhard
Albrachtinghusen – Sächsisches Freigut-
Arnsberger Ministerialbesitz
in: Tüsken Linne un Luer, Heft 8, Mai 1999

Pütter, Josef
Sauerländisches Grenzland im Wandel der Zeit
Balve, 2. Auflage: 2005

Quaschny, Rico
Zwei Schatzungsregister des Amtes Balve aus den
Jahren 1568 und 1580
Südwestfalen-Archiv, Arnsberg 2001, S. 99 – 120

Schulte-Hobein, Jürgen
Verkaufsurkunde der Grafschaft Arnsberg an das
Erzstift Köln
in: Hochsauerlandkreis, Der Landrat
Sauerländer Heimatbund e.V. (Hg.)
Kurfürst, Adel, Bürger – Das Kurkölnische Herzogtum
Westfalen, S. 46 -48
Arnsberg, 2009

Seibertz, Joh. Suibert
Urkundenbuch zur Landes- und Rechtsgeschichte des
Herzogthums Westfalen; 6 Bände
Arnsberg, ab 1839

Stadt Balve
Buch vom Werden und Sein der Stadt Balve
Balve, 1930

Teske, Gunnar
Bürger, Bauern, Söldner und Gesandte
Münster, 1998

Tillmann, Rudolf
Ein Hof im Sauerland wird 600 Jahre alt
Mettmann, 2004

Tillmann, Rudolf
Schulte-Horst
Arnsberg, 2006

Walberg, Hartwig
Die Schatzungsregister des 16. Jahrhunderts für das
Herzogtum Westfalen
Münster, 2000

Westermann, Maria
Die Ministerialen der Grafen von Arnsberg
Inaugural-Dissertation
Münster, 1951

Wolf, Manfred
Die Urkunden des Klosters Oelinghausen – Regesten
Fredeburg, 1992

# Archive

Archivamt Münster, Archiv des Freiherrn von Wrede,
Melschede

Stadtarchiv,
Landständearchiv im Kloster Wedinghausen, Arnsberg

Pfarrarchive Balve, Enkhausen

Landesarchiv Münster, Abtlg. Westfalen

# XI. Ortsregister

# XII. Namensregister

# XIII. Bildnachweis

Arnsberg – 100 Jahre im Bild, Arnsberg, Friedhelm Ackermann/Hermann Herbold/Hans Wevering, Strobel-Verlag 1983: S. 9

Deutsches Historisches Museum, Bilder und Zeugnisse der deutschen Geschichte, Raum 8: Der Dreißigjährige Krieg (http://www.dhm.de/ausstellungen/bildzeug/qtvr/DHM/n/BuZKopie/raum_08.05.htm): S. 14 + Rückseite

Fürstenberger Skizzen, Streifzug durch 700 Jahre westfälische Familien- und Landesgeschichte, Arnsberg 1995: S. 12

Kurfürst, Adel, Bürger – Katalog zur Ausstellung in Arnsberg, Arnsberg 2009, S. 15, 43, 47, 95 und 183: S. 4, 5, 7, 16 und Titelbild

Landesarchiv Westfalen, Oberkellnerei Arnsberg Nr. 939 Lagerbuch von 1652, S. 425: S. 11

Sauerländisches Grenzland im Wandel der Zeit Balve 2005, 2. Auflage, S. 7

Sterbzeiten, Der Dreißigjährige Krieg im Herzogtum Westfalen, Münster 2000, S. 9

800 Jahre Familie von Wrede Münster 2002, S. 8

Sterbzeiten, Der Dreißigjährige Krieg im Herzogtum Westfalen, Münster 2000, S. 375: S. 9

800 Jahre Familie von Wrede, Münster 2002, S. 25: S. 8

Westfalenpost/Süderländer: Biogasanlage und Obstpresse: S. 24, 25